Adnan Abdoulkader Yacin

Prison Break : Le Guide de la Liberté de Soi

Adnan Abdoulkader Yacin

Prison Break : Le Guide de la Liberté de Soi

Éditions Croix du Salut

Imprint

Any brand names and product names mentioned in this book are subject to trademark, brand or patent protection and are trademarks or registered trademarks of their respective holders. The use of brand names, product names, common names, trade names, product descriptions etc. even without a particular marking in this work is in no way to be construed to mean that such names may be regarded as unrestricted in respect of trademark and brand protection legislation and could thus be used by anyone.

Cover image: www.ingimage.com

Publisher:
Éditions Croix du Salut
is a trademark of
Dodo Books Indian Ocean Ltd. and OmniScriptum S.R.L publishing group

120 High Road, East Finchley, London, N2 9ED, United Kingdom
Str. Armeneasca 28/1, office 1, Chisinau MD-2012, Republic of Moldova, Europe
Managing Directors: Ieva Konstantinova, Victoria Ursu
info@omniscriptum.com

Printed at: see last page
ISBN: 978-620-8-86343-2

« Laissez l'écran et changer de film, laissez le monde tranquille et changez votre conception dans votre cœur. Ce monde-ci est le miroir de votre cœur. »

Adnan Ays

Tables des matières

Avant-propos

-Qui êtes-vous?

-Un être humain, me direz vous.

Donc, vous êtes un être humain. Être.... Humain. Ces deux mots ne définissent pas seulement votre genre d'espèce mais si vous regardez de plus près, vous remarquerez qui vous êtes en fonction de la nature double de votre identité. D'abord, il y a le côté de l'Être qui désigne l'essence de qui vous êtes en tant que Conscience intemporelle, sans forme et non conditionnée.

De l'autre côté, il y a l'humain, ce que vous êtes sur le plan de la forme, c'est-à-dire votre corps et votre mental. La forme et le mental sont les deux aspects de votre identité qui créent le Moi conditionné. Ceci étant dit, sachez que l'opinion publique ne supportera pas longtemps une théorie qui ne fonctionne pas dans la pratique. Aujourd'hui, l'homme exige des preuves de la véracité de son idéal le plus élevé. Pour réussir dans sa quête de la satisfaction ultime, l'homme doit trouver un principe qui pour lui un mode de vie, pour qu il puisse expérimenter comme véritable. Je crois qu'un tel principe se trouve dans le plus grand des livres, le Saint-Coran (Al Qur'an Al Karim.

Le Saint-Coran révèle la vérité enfouie dans les histoires et les sciences du passé, présent et futur dans un principe de mode de vie véritable. En bref, le Saint-Coran nous rappelle et confirme à tous que la conscience est la seule et unique réalité, que la conscience est la cause et la manifestation, l'effet. Il attire constamment l'attention du lecteur sur ce fait, afin qu'il ne perde jamais de vue l'essentiel. Après avoir posé le fondement qu un changement de Conscience est essentiel pour provoquer tout changement d'expression. Maintenant ce guide intitulé « **Prison Break** » explique au lecteur des dizaines des façons différentes de provoquer un tel changement de conscience. Il s'agit d'un principe réaliste et constructif qui fait vivre et qui fonctionne. La révélation qu'il contient, s'elle est appliquée avec croyance et conviction, vous rendra libre par la volonté d'Allah.

Adnan Ays

CHAPITRE 1: L'UNICITÉ DE DIEU

L'unicité d'Allah réside dans la première partie dans la formule de l'attestation de foi : **"Il n'ya pas d'autres Dieu sauf Dieu".**

Vous remarquez comment cette partie commence par une négation et se termine par une affirmation?

Une question se pose ici : pourquoi cette première partie commence par une négation ?

La réponse est tout simplement parce qu'il n y a pas une existence en dehors de Dieu. Et qu apart Dieu, il n'y a pas d'existence réel. Il n'y a pas une chose existence sauf qu'elle existe en Dieu, et qu apart Dieu, il n'y a pas d'existence.

Tout péri sauf sa face. Il n existe pas un être indépendant de Dieu dans cet univers. Tout dépend de Lui, le Seul et Unique Dieu. S'il y avait un être indépendant, il aurait dû être un deuxième Dieu. Gloire à Dieu, le Seul Détenteur de la Royauté, qui n à pas d'associer dans son Royaume.

Si tu vois ton être et le monde sont indépendant de DIEU ou séparé de son Être sache que tu professe l'association et Dieu n'a pas d'associer. L'homme voit son être et le monde séparer de Dieu.

Cet état d'être agit comme un obstacle à l'unicité de Dieu et consiste à être:

-Affecté par ou

-Attaché aux moyens de ce monde.

Les moyens de ce monde représentent la quasi-totalité du monde créé. Sans la lumière de l'unicité de Dieu, nous développons le shirk, l'association. Le Shirk (association) signifie littéralement partenariat, et Allah n'a pas de partenaires ; c'est Son essence ou Son attribut. Tomber dans le Shirk ou associer des partenaires à Allah ne signifie pas simplement adorer d'autres dieux. Cela signifie également croire que quelque chose ou quelqu'un d'autre qu'Allah peut vous être bénéfique ou nuisible, de quelque manière que ce soit. Si vous n'êtes attaché à rien dans le monde créé, alors il ne peut y avoir de Shirk ou association. Pas de Shirk (association), pas de problème.

Allah nous dit :

[18. La Caverne (Al-Kahf), Verset 110] Dis: «Je ne suis qu'un être humain comme vous. Il m'a été révélé que votre Dieu est un-Dieu Unique. Que celui qui espère donc

rencontrer son Seigneur accomplisse de bonnes actions et Lui voue son adoration sans jamais Lui associer personne! »

Dis, Ô homme fait de la substance même de Dieu: toi et Dieu êtes UN et indivisible! L'Homme, le monde et tout ce qui s'y trouve sont des états conditionnés de l'UN et l'UNIQUE inconditionné et intemporel **Dieu, Allah**. Tu es le Khalifa (représentant) de Dieu conditionné en tant qu'homme. Tout ce que tu crois que **Dieu, Allah** est, tu l'es; mais tu ne sauras jamais que c'est vrai tant que tu n'auras pas cessé de le revendiquer pour un autre et que tu n'auras pas reconnu que ce qui semble être un autre est toi-même. Dieu et l'homme, l'esprit et la matière, le sans forme et le formé, le créateur et la création, la cause et l'effet – votre créateur et vous, êtes UN. Celui en qui tous les états conditionnés vivent, bougent et ont leur être, est votre "**JE SUIS**", votre Conscience intemporelle et non conditionnée. La conscience (Ruh ou Esprit) sans dimension est **Dieu**, la seule et unique réalité. Par Conscience sans dimension, on entend un sentiment de conscience; un sentiment de savoir que "**JE SUIS**" sans savoir qui je suis; la conscience d'Être, séparée de ce que j'ai conscience d'être. Je suis conscient d'être un homme, mais je n'ai pas besoin d'être un homme pour être conscient d'être. Avant d'être conscient d'être quelqu'un, moi, conscience non conditionnée, j'étais conscient d'Être, et cette conscience ne dépend pas d'être quelqu'un.

Je suis la conscience autonome, non conditionnée**;** je suis devenu conscient d'Être quelqu'un; et je deviendrais

conscient d'être quelqu'un d'autre que celui que je suis maintenant conscient d'être; mais je suis éternellement conscient d'être, que je sois l'absence de forme non conditionnée ou que je sois la forme conditionnée. Ce qui sait que je suis, cette conscience d'être, est la seule réalité. Cette conscience non conditionnée, le "**JE SUIS**", est cette réalité consciente dans laquelle tous les états conditionnés - les conceptions de moi- même - commencent et finissent, mais qui reste toujours la connaissance inconnue de l'Être lorsque tout le connu cesse d'être. Tout ce que j'ai toujours cru être, tout ce que je crois être maintenant, et tout ce que je croirai jamais être, ne sont que des tentatives de connaissance de moi-même, la réalité inconnue, indéfinie.

Celui qui sait, ou cette conscience sans dimension (Allah), est mon véritable être, la seule et unique réalité. Je suis la réalité non conditionnée ou sans dimension, conditionnée par ce que je crois être. Je suis le croyant limité par mes croyances, le connaisseur défini par le connu. Le monde est ma conscience conditionnée matérialisée. Ce que je ressens et crois être vrai pour moi-même est maintenant projeté dans l'espace comme mon monde. Le monde - le miroir de mon "**moi**" - témoigne en permanence de l'état de conscience dans lequel je vis. Il n'y a pas de hasard ou d'accident responsable des choses qui m'arrivent ou de l'environnement dans lequel je me trouve.

Le destin prédestiné n'est pas non plus l'auteur de mes fortunes ou de mes malheurs. L'innocence et la culpabilité sont de simples mots qui n'ont aucune signification pour la loi de la conscience, si ce n'est qu'ils reflètent l'état de conscience lui-même. La conscience de culpabilité appelle la condamnation.

La conscience du manque produit la pauvreté. L'homme matérialise éternellement l'état de conscience dans lequel il se trouve, mais il s'est embrouillé d'une manière ou d'une autre dans l'interprétation de la loi de cause à effet.

Il a oublié que c'est l'état intérieur qui est la cause de la manifestation extérieure: *Comme à l'intérieur, ainsi à l'extérieur. « Correspondance », le deuxième des sept principes d'Hermès Trismégiste.*
Et dans son oubli, il croit qu'un **Dieu** extérieur a sa propre raison particulière pour faire les choses, ces raisons étant au-delà de la compréhension du simple homme; ou il croit que les gens souffrent à cause d'erreurs passées qui ont été oubliées par l'esprit conscient; ou, encore, que le hasard aveugle joue le rôle de Dieu.

Un jour, l'homme réalisera que son propre "JE SUIS" est le **Dieu** qu'il a cherché à travers les âges, et que son propre sens de la conscience - sa conscience d'être - est la seule et unique réalité. La chose la plus difficile à saisir pour l'homme est la suivante : le **"JE SUIS"** en lui-même est **Dieu**. C'est son véritable état d'être ou son état de Créateur, le seul état dont il puisse être sûr. Le représentant homme (khalifa), sa conception de lui-même, est une illusion. Il sait toujours qu'il est, mais ce qu'il est, est une illusion créée par lui-même dans une tentative d'auto-définition.

Cette découverte révèle que tout ce que j'ai cru que Dieu était je suis.

Allah dit :

[20. Tâ-Hâ (Tâ-Hâ), Verset 12]« Je suis ton Seigneur. Ôte tes sandales, car tu es dans la vallée sacrée de Tuwâ! » ...est une déclaration de fait concernant ma conscience, car ma conscience m'ôte ce que je portes ou ce que j'ai conscience de possèder.

[20. Tâ-Hâ (Tâ-Hâ), Verset 14] « En vérité, Je suis Dieu. Il n'y a d'autre dieu que Moi! Adore-Moi donc et accomplis la prière en souvenir de Moi."

...me montre que ma conscience est la seule et unique entrée dans le monde de l'expression; qu'en assumant la conscience d'être ou de posséder la chose que je désire être ou posséder est le seul moyen par lequel je peux le devenir ou la posséder; que toute tentative d'exprimer cet état désirable autrement qu'en assumant la conscience d'être ou de la posséder, est de se faire voler la joie de l'expression et de la possession.
« JE SUIS le commencement et la fin. »- Apocalypse 1:8, 22:13
[57. Le Fer (Al-Hadîd), Verset 3] « Il est le Premier et le Dernier, l'Apparent et le Caché ; Il est l'Omniscient. » ...révèle la conscience comme la cause de la naissance et de la mort de toute expression. *[20. Tâ-Hâ (Tâ-Hâ), Verset 13] « Je t'ai élu. Écoute donc ce qui te sera révélé. »* ...révèle que ma conscience est le Seigneur qui m'a élu, me révèle et m'envoie dans le monde à l'image et à la ressemblance de ce dont je suis conscient pour vivre dans un monde composé de tout ce dont je suis conscient.
[20. Tâ-Hâ (Tâ-Hâ), Verset 14] « En vérité, Je suis Dieu. Il n'y a d'autre dieu que Moi! Adore-Moi donc et accomplis la prière en souvenir de Moi. »

...déclare que ma **c**onscience est le seul et unique Seigneur et qu'à part ma conscience, il n'y a pas de **Dieu**.

[47. Muḥammad (Muḥammad), Verset 19] « Sache qu'il n'y a d'autre divinité que Dieu! Implore donc le pardon de tes péchés... » ...signifie que je dois apaiser mon esprit et savoir que la conscience est Dieu.

Maintenant que vous avez découvert que votre **"JE SUIS"**, votre conscience (Ruh ou Esprit), est **Dieu**, ne revendiquez rien de vrai pour vous-même que vous ne revendiqueriez pas pour **Dieu**, car en vous définissant, vous définissez **Dieu**. Ce que vous avez **Conscience d'être** est ce que vous avez appelé **Dieu**. **Dieu** et l'homme ne font **qu'UN**.

Vous et votre créateur êtes UN. Votre conscience non conditionnée, ou "JE SUIS", et ce que vous avez conscience d'être, sont UN. Le concepteur et la conception sont UN. Si votre conception de vous-même est inférieure à ce que vous revendiquez comme vrai de Dieu, vous avez volé Dieu, le Créateur, parce que vous (le représentant Khalifa ou la conception) portez le témoignage du Créateur ou du concepteur. Ne prenez pas le nom magique de Dieu, "JE SUIS", en vain car vous ne serez pas tenu pour innocent; vous devez exprimer tout ce que vous revendiquez être. Nommez **Dieu, Allah** en vous définissant consciemment comme votre idéal le plus élevé.

CHAPITRE 2: LE NOM DE DIEU(ALLAH)

On ne répétera jamais assez que la conscience est la seule et unique réalité, car c'est la vérité qui libère l'homme. C'est le fondement sur lequel repose toute la structure **Coranique**. Les histoires du **Saint Coran** sont toutes des révélations' mystiques écrites dans un symbolisme oriental qui révèle à l'intuitif le secret de la création et la formule de la libération. Le **Saint-Coran** est la parole d'Allah d'exprimer par des mots la cause et la manière de la création. **Allah** a fait découvrir l'homme par la révélation que sa conscience était la cause ou le créateur de son monde.

Allah a donc entrepris de révélé l'histoire de la création dans une série d'histoires symboliques que nous connaissons aujourd'hui sous le nom du **Saint Coran.** Pour comprendre ce grand **Livre**, il faut un peu d'intelligence et beaucoup d'intuition - suffisamment d'intelligence pour vous permettre de lire le **Livre**, et suffisamment d'intuition pour interpréter et comprendre ce que vous lisez.
La première chose que vous devez découvrir si vous voulez percer le secret du **Saint Coran**, c'est la signification du **nom** de **Majesté** du **Créateur** qui est connu de tous comme **ALLAH**. Ce nom "**ALLAH**" est composé des 6 lettres arabes – ***"ALÎF LÂM LÂM ALÎF HÂ WÂW"***. Mais seulement 4 lettres sont visibles dans l'écriture du **Nom**. A savoir ***"Alîf Lâm Lâm Hâ"***. Tout le secret de la création est caché dans ce **Nom** de **Majesté Allah.**

Par la première lettre "***ALÎF***", l'idée que: « ***Allah était et rien était avec Lui*** ».
Elle représente l'état Absolu ou la conscience intemporelle, non conditionnée et sans dimension; le sens de la conscience indéfinie**;** ce tout inclusif d'où proviennent toutes les créations ou états de conscience conditionnés. Dans la terminologie d'aujourd'hui, "***ALÎF***" est "*JE SUIS*", ou la Conscience non conditionné, sans dimension, intemporelle.

La deuxième lettre, le premier "*LÂM*", représente le maqâm ou l'Etat de la connaissance, un désir, un état imaginaire. Elle symbolise une idée, un état subjectif défini ou une image mentale clarifiée.

La troisième lettre, le deuxième "*LÂM*", symbolise le maqâm ou l'Etat de la Possession Universelle ou du Royaume, c'est l'action d'unifier ou de joindre la connaissance du concepteur le premier "*LÂM*", la conscience désirante, à la conception, le deuxième "*LÂM*", l'état désiré, de sorte que le concepteur et la conception ne fassent qu'Un.

Fixer un état mental, se définir consciemment comme l'état désiré, s'imprégner du fait que l'on est maintenant ce que l'on a imaginé ou conçu comme notre objectif, est la fonction du deuxième "*Lâm*". Elle cloue ou joint la conscience désirante à la chose désirée. Le processus de cimentation ou de jonction est accompli subjectivement en ressentant la réalité de ce qui n'est pas encore matérialisé.

La quatrième lettre "*Hâ*" représente la matérialisation de cet accord subjectif. Le "*Alîf Lâm Lâm*" fait de l'homme ou du monde manifesté "*HÂ*", à l'image et à la ressemblance de lui-même, l'état conscient subjectif. La fonction du "*Hâ*" final est donc de témoigner objectivement de l'état subjectif "*ALIF LAM LAM*".

Enfin, par le "*Hâ*", la mention que le monde fait de Lui. La conscience conditionnée se matérialise continuellement sur l'écran de l'espace. Le monde est l'image et la représentation de l'État conscient subjectif qui l'a créé. Le monde visible ne peut rien faire de lui-même ; il ne fait que témoigner de son créateur, l'état subjectif. Le monde visible, c'est le Khalifa (le représentant visible) sur terre "*Hâ*" qui témoigne du créateur, qui ne peut être vue que lorsqu'elle est rendue visible en tant qu'homme ou manifestation. Votre conscience intemporelle non conditionnée "*Alîf*" est votre **"je suis"**, qui visualise ou imagine un état souhaitable le premier "*LÂM*", et devient ensuite consciente d'être cet état imaginé en se sentant et en croyant être l'état imaginé, le deuxième "*LÂM*". L'union consciente entre vous qui désirez et ce que vous désirez être, est rendue possible par le deuxième "*Lâm*" qui désigne le Maqâm (État) de la Possession Universelle ou Royaume, qui est votre capacité à ressentir et à croire. Croire, c'est simplement vivre dans le sentiment d'être réellement l'état imaginé - en assumant la conscience d'être l'état désiré.
L'état subjectif symbolisé par "*ALÎF LÂM LÂM*" se matérialise ensuite

par « **HÂ** », ce qui complète le mystère du **Nom** de **Majesté** et de la nature du créateur, "***Alîf Lâm Lâm Hâ***" (**Allah**).

- **"Alîf"** signifie être **conscient;**
- **Le** 1er " ***Lâm"*** signifie Être conscient de quelque chose**;**
- **Le** 2ème "***Lâm***" signifie Être conscient d'être la chose désiré.

- Enfin, le "***Hâ***" est votre monde visible matérialisé qui est fait à l'image et à la ressemblance du "***Alîf Lâm Lâm***", ou ce que vous avez conscience d'être.

Allah nous dit:

[2. La Vache (Al-Baqara), Verset 30] Puis vint le jour où ton Seigneur dit aux anges: «Je vais installer un Représentant [Khalîfa] (de Moi) sur la Terre. »

Et dans un-Hadith: *d'après Abou Houreira (qu Allah l'agrée), le Prophète Muhammad (paix et bénédiction soit sur lui) a dit: « Allah a créé Adam à son image... ».*

Faisons, "***Hâ***" c'est-à-dire Adam, l'homme, le Khalifa (représentant de Dieu sur terre) la manifestation objective à notre image (**Dieu**), « ***ALÎF LÂM LÂM*** », l'image de l'État subjectif. Le monde est l'image matérialisée de l'état subjectif conscient dans lequel demeure la conscience. Cette compréhension que la conscience est la seule et unique réalité est le fondement du **Saint Coran**.

Les histoires du **Saint Coran** sont des tentatives de révéler dans un langage symbolique le secret de la création et de montrer à l'homme la formule unique pour se libérer de toutes ses propres créations. Telle est la véritable signification du **Nom de Majesté d'Allah**, le **Nom** de **Majesté** par lequel toutes choses sont faites et sans lequel il n'y a rien de fait qui soit fait.

D'abord, vous êtes conscient; ensuite, vous prenez conscience de quelque chose; et ensuite, vous prenez conscience en tant que ce dont vous aviez conscience; enfin, vous contemplez objectivement ce que vous avez conscience d'être.

CHAPITRE 3 : LA LOI DE LA CRÉATION

Prenons l'une des histoires du **Saint Coran** et voyons comment **Allah** l'a révélé l'histoire de la création **d'Adam**. Nous connaissons tous l'histoire de la création **d'Adam** ; que **Adam** a été choisi pour devenir le **Représentant d'Allah**(**Khalifa**) sur terre.

Allah dit : « Un jour, ton Seigneur dit aux anges : «Je vais créer un être humain avec de l'argile extraite d'un limon fétide. »

[15. Al-Ḥijr (Al-Ḥijr), Verset 28]

« Lorsque Je lui aurai donné sa forme et insufflé en lui de Mon Esprit, vous vous jetterez devant lui et vous vous prosternerez! »

[15. Al-Ḥijr (Al-Ḥijr), Verset 29]

Le **Saint Coran** nous dit qu **Allah** avait créé **Adam** en 3 **étapes**.

•La première étape est l'annonce de la création d'un être humain avec de l'argile, ce qui signifie « **nom** ».

• Lui harmonieusement donné **forme**, la deuxième étape, signifie « **balance** ».

• La troisième étape est **l'insufflation de Mon Esprit,** ce qui signifie « **Possession, jouissance** ».

• La Concrétisation de cette création, est « **Prosternez vous devant Adam ».**

Vous constaterez que **Adam** et les trois étapes de sa création « **Nom, Balance** et **Possesion ou jouissance »**, contiennent la même formule de création que le **Nom** de **Majesté** (**Allah**) de "***Alîf Lâm Lâm Hâ***".

« **Je vais créer un Être humain avec de l'argile** » (**Nom**), le **Créateur**, le concepteur, le constructeur d'un être nouveau est équivalent au "**Alîf**", ou conscience intemporelle, sans dimension et non conditionnée, « **JE SUIS** ».

« **lorsque je lui aurais donné forme** » est votre **désir** (**balance**); ce dont vous êtes **conscient;** ce que vous nommez et définissez comme votre **objectif**, et est

équivalent au premier « *LÂM* » (État de la connaissance) du **Nom de Majesté divin**
.

« **lui insuffler en lui mon esprit»,** est l'État de la possession du royaume ou le sentiment (**jouissance**), qui joint, unie ou lie ensemble la conscience désirante et la chose désirée, et est donc équivalent à la troisième lettre du Nom de Majesté divin, le deuxième "***Lâm***".

Le témoignage, «**prosternez vous devant Adam** », signifie **attestation**, et est **l**'état étendu ou matérialisé témoignant de **l'état subjectif** et est équivalent à la dernière lettre du nom divin, le "***Hâ***".

En ce moment vous êtes, le **créateur de votre monde « je vais créer un être humain** » (**nom**), signifie etre conscient, votre "je suis".

Votre deuxième étape, « **lui harmonieusement donné forme** » (**balance**) est votre désir, idée qui correspond le maqam ou l'état de la connaissance.

Votre troisième étape, « **insuffler en lui de mon esprit** », est le sentiment de jouissance qui unie ou joint la conscience désirante a la chose désiré.

Dans l'histoire **d'Adam**, il est dit qu **Allah** lui à enseigner les noms des toutes choses et que **Adam** a vu les secrets de son **Créateur**, et qu'à cause de sa découverte, il a gagner contre les **Anges** en leurs enseignant les noms des toutes choses, où le sentiment, est le secret du **Créateur**, votre **"JE SUIS"**, car c'est par le sentiment que la conscience qui désire s'unie à la chose désirée. L'union consciente ou le mariage mystique n'est rendu possible que par le sentiment.

C'est le sentiment qui réalise cette union céleste du Créateur et de son représentant (Khalifa), d'**Allah** et **Adam**, de la conscience non conditionnée ou sans dimension (**Allah**) et de la conscience conditionnée (**Adam**). En lui enseignant "***les noms des toutes choses***", le sentiment de connaissance sert automatiquement **Adam**, l'état étendu ou exprimé, car il ne peut y avoir d'expression matérialisée sans qu'il y ait d'abord une impression subjective. Sentir la présence de la chose désirée, actualiser subjectivement un état en imprégnant en soi, par la sensation, un État conscient défini, tel est le secret de la création.

Votre monde actuel matérialisé est "**prosternez-vous devant Adam**", témoignage qui a été rendu visible par **les Anges.** C'est pourquoi **Adam** est au service des **Anges** en leur enseignants les noms, car sans le sentiment, symbolisé par ***"la connaissance des noms***", l'idée ou la chose désirée ne pourrait être rendue visible par **Adam**. La capacité de ressentir l'invisible, la capacité d'actualiser et de rendre reel un état subjectif défini par le sens du sentiment est le secret de la creation.

Le secret par lequel le mot ou le désir invisible est rendu visible, - est fait chair.

Dieu dit dans le Coran:

« Lorsque Nous voulons une chose, il suffit que Nous disions: «Sois! », et la chose est. »

[16. Les Abeilles (An-Nahl), Verset 40]

La conscience appelle les choses qui ne sont pas vues comme si elles l'étaient, et elle le fait en se définissant d'abord comme ce qu'elle désire exprimer, et ensuite en restant dans l'état défini jusqu'à ce que l'invisible devienne visible.
Voici le fonctionnement parfait de la loi selon l'histoire de la création d'**Adam**. En ce moment même, vous êtes conscient d'être. Cette conscience d'être, ce fait de savoir que vous êtes, c'est **Adam**, le représentant (Khalîfa) de Dieu sur terre.

Maintenant que l'identité **d'Adam** est établie comme votre propre **conscience d'être**, nommez quelque chose que vous aimeriez posséder ou exprimer ; définissez un objectif, et avec votre désir clairement défini, fermez les yeux et sentez que vous l'avez ou que vous l'exprimez. Ne vous demandez pas comment cela peut être fait ; sentez simplement que vous l'avez. Assumez l'attitude d'esprit qui serait la vôtre si vous le possédiez déjà, afin de sentir que c'est fait. Le sentiment est le secret de la création. Soyez aussi avisé **qu'Adam** et faites cette découverte afin d'avoir vous aussi la joie d'enseigner aux Anges les noms des toutes choses, la joie de donner chair à la parole ou au nom.

CHAPITRE 4 : LE SECRET DU SENTIMENT

Le secret du sentiment ou de l'appel de l'invisible à des états visibles est magnifiquement raconté dans l'histoire de la création d'Adam. Allah enseigna a Adam les noms des toutes choses.

En parlant de cette intuition ou sentiment avec la raison, on va interprété l'histoire **d'Adam**, les **Anges** et **Satan** telle qu'elle est donnée dans le **Saint Coran**.
Afin d'apprécier l'interprétation, nous donnons un bref aperçu de l'histoire.

L'univers et les anges existaient depuis longtemps avant la création de l'Homme. Lorsque **Dieu** a proposé de créer **Adam**, il a présenté sa proposition aux **Anges**, disant qu'Il souhaitait créer un être qui le représenterait sur la terre et agirait comme son vice-gérant. Les **Anges** n'apprécièrent pas la proposition et affirmèrent leur pureté et leur supériorité, ainsi que leurs louanges et leurs glorification à Lui.
Ils se sont opposés à la création de l'homme parce qu'il serait cruel et verserait le sang sur la terre. Pour réfuter les Anges, **Dieu** a établi la supériorité **d'Adam** en lui donnant la **connaissance de toutes choses**. Ils ont reconnu leur ignorance et la valeur **d'Adam**.

Ayant établi la dignité de **l'homme** sur la base d'un type de **connaissance** que les **Anges** ne possédaient pas, il leur a été demandé de rendre hommage à **Adam** en se prosternant devant lui.

Tous les **Anges** obéirent, sauf **Iblis**, le **Satan** qui refusa par orgueil, regardant **Adam** comme une vilaine création d'argile.

Pour ce crime contre **Dieu** et **l'homme**, **Satan** a été maudit.

Il tomba de sa position digne et résolut de se venger de cette nouvelle créature et de son créateur. **Satan** a trompé **Adam** et **Hawa (Ève)** en leur faisant manger le fruit de l'arbre défendu. Ils reconnurent leur péché et furent pardonnés et envoyés vivre sur la terre. **Adam** fut de nouveau digne mais **Satan** continua dans son mépris de **l'homme** et sa révolte contre **Dieu**.

Passons maintenant à l'interprétation de l'histoire, qui se résume comme suit:

- **Adam** dans le **Saint Coran** est le symbole de l'humanité dans son essence originelle. Il est le prototype de l'homme. La connaissance donnée à **Adam**, qui a fait honte aux **Anges** et établi sa Supériorité sur eux, était de *nature intuitive* (sentiment); Elle n'avait rien de commun avec la connaissance intellectuelle ou la raison *théorique*. Dans la création **d'Adam**, **Dieu** a insufflé en lui son propre Esprit, qui était la **Source** de la **divinité** et de la **dignité d'Adam**, et c'était **l'Essence** à laquelle les **Anges** étaient invités à rendre hommage.

- **Satan**, le principe du mal représente la raison, il est incapable d'apprécier la **dignité divine** de **l'homme**. **L'intellect** agissant par lui-même est matérialiste et réaliste et est incapable de réaliser la valeur éternelle de **l'homme**. Cette valeur réside dans **l'intuition** de la **divinité** et de **l'infinité** de **l'homme** que **l'homme** déchu essaie toujours de réaliser et de retrouver. **Satan** est la personnification de **l'intellect réaliste** tandis que **l'Essence d'Adam** est **l'amour** de **l'idéal** et de **l'infini**.

Là encore, **Satan** est représenté comme un déterministe, laissant entendre que **l'intellect** ne peut pas croire en la liberté; la liberté est liée au côté non intellectuel de l'homme.

Satan est donc l'incarnation de l'intellect qui est réaliste et déterministe tandis que le **Côté Intuitif** (**ressenti**) de **l'homme** le représente comme un **être idéal** et **libre**. C'est donc **l'Amour** lié au sens de la **liberté** qui est conçue comme **l'Essence** de **l'homme**.

La simple décence humaine devrait dire à l'homme que cette histoire ne peut être prise au pied de la lettre. Il doit y avoir un message pour l'homme caché quelque part dans cet acte perfide et méprisable de **Satan!** Le message caché, la formule du succès enfouie dans cette histoire a été intuitivement révélée à l'auteur de cette manière.

« **Adam** », la **Nouvelle créature**, est votre **Conscience**, votre **Conscience d'être**.

« **La Connaissance** » donné à **Adam**, est votre monde actuel matérialisé ou celui qui est ressenti par les sens; le moment présent; l'environnement présent; votre conception actuelle de vous-même; en bref, le monde que vous connaissez en raison de vos sens objectifs.

« **Les noms des toutes choses** », est votre **désir** ou **état subjectif**, une idée qui n'est pas encore incarnée, un **état subjectif** qui est perçu et **senti** mais pas objectivement connu ou vu; un point dans le temps et l'espace éloigné du présent. En bref, **Adam** est votre objectif défini.

« **Les noms des toutes choses** » - ou **état subjectif** cherchant à s'incarner ou à obtenir le droit de naissance - lorsqu'il est correctement ressenti ou apprit par son **Créateur** (lorsqu'il est consciemment ressenti et fixé comme réel), se matérialise ; et ce faisant, il enseigne les noms des toutes choses aux **Anges**, ou l'ancien état matérialisé. Deux choses ne peuvent occuper une place donnée en même temps, et ainsi, lorsque l'invisible est rendu visible, l'ancien état visible disparaît. Votre **Conscience** est la cause de votre monde.

L'état de **Conscience** dans lequel vous demeurez détermine le type de monde dans lequel vous vivez. Le concept actuel que vous avez de vous-même est maintenant matérialisé en tant que votre environnement, et cet état est symbolisé par « **Adam** ».

Ce que vous aimeriez être ou posséder est symbolisé par « **la connaissance des noms de toutes** choses », qui n'est pas encore vu mais qui est subjectivement **senti** et **ressenti**, enseignera « **les Noms des toutes choses** » aux **Anges**, ou votre monde actuel.

Gardez toujours à l'esprit le fait que la **Connaissance** donné à **Adam** est de nature **intuitive (sentiment)**. Il ne connait pas avec la raison ou l'intellect, il le sent.
Et à travers le sens du **sentiment**, il croit que ce qu il sent, le **subjectif**, est le **réel**, le **matérialisé**. Vous ne voyez pas votre désir objectivement; vous le percevez simplement (**ressentez**) subjectivement. Vous ne tâtonnez pas dans l'espace à la recherche d'un état désirable. Comme **Adam** vous restez assis et **sentir** avec votre **intuition** en retirant votre attention de votre monde **objectif**.

Puis, dans l'ignorance des noms des toutes choses, vous invitez l'état désirable, votre **intuition de la connaissance** des **noms** des toutes choses à s'approcher afin que vous puissiez le **ressentir**.

D'abord, vous en êtes **conscient** dans votre environnement immédiat ; ensuite, vous l'attirez de plus en plus près jusqu'à ce que vous le perceviez et le **ressentiez** dans votre présence immédiate, de sorte qu'il soit réel et naturel pour vous.
Les deux s'accordent par le sens du **ressenti** ; et l'accord est établi sur la terre - est matérialisé ; est rendu réel. Les deux qui se mettent d'accord sont « **Adam** », et « **la connaissance des Noms** ». **Vous** et ce **que vous désirez** ; et l'accord se fait uniquement par le sens du **ressenti**.
« **Les Noms des choses** » symbolise votre monde actuel matérialisé, qu'il soit agréable ou non. « **La connaissance des Noms** » symbolise tous les désirs de votre cœur. « **Adam** » symbolise votre **véritable moi** - les yeux fermés sur le monde présent - dans l'acte de percevoir et de ressentir que vous êtes ou possédez ce que vous désirez être ou posséder.

Le secret de la **connaissance d'Adam** - l'état de perception, de ressenti - est simplement l'acte de séparer mentalement le ressenti sensitif (votre état physique actuel) du ressenti non sensitif (ce que vous aimeriez être). En fermant hermétiquement les sens objectifs, **Adam** peut faire en sorte que ce qui est **ressenti intuitivement (l'état subjectif)** semble réel ou connu de façon sensorielle, car la **foi** est la **connaissance**. Il ne suffit pas de connaître la loi de l'expression de soi, la loi par laquelle l'invisible est rendu visible.

Il faut l'appliquer, et voici la méthode d'application.

- **Premièrement:** Fermer votre raison - votre monde ou problème actuel matérialisé. Pour ce faire, il suffit de fermer les yeux et de détourner votre attention des limitations extérieures.

- **Deuxièmement:** les yeux toujours fermés et l'attention retirée du monde qui vous entoure, fixez **consciemment** le **moment** et le **lieu naturels** de la **réalisation** de votre **désir**. Avec vos sens objectifs fermés à votre environnement actuel, vous pouvez percevoir et **ressentir** la réalité de n'importe quel point dans le temps ou l'espace, car les deux sont psychologiques et peuvent être créés à volonté.

Il est d'une importance cruciale que la condition spatio-temporelle naturelle « **de la connaissance des noms des toutes choses** », c'est-à-dire le moment et le lieu naturels de réalisation de votre désir, soit d'abord fixée dans votre **Conscience**. Si le dimanche est le jour où la chose désirée doit être réalisée, alors le dimanche doit être fixé dans la **Conscience maintenant**. Commencez simplement à **ressentir** que c'est dimanche jusqu'à ce que la tranquillité et le caractère naturel du dimanche soient établis en **Conscience**. Vous avez des associations précises avec les jours, les semaines, les mois et les saisons de l'année.

Vous avez dit maintes et maintes fois : « Aujourd'hui, on dirait un dimanche, un lundi ou un samedi ; ou ceci ressemble au printemps, à l'été, à l'automne ou à l'hiver ».

Cela devrait vous convaincre que vous avez des impressions précises et **conscientes** que vous associez aux jours, aux semaines et aux saisons de l'année. Grâce à ces associations, vous pouvez choisir n'importe quel moment

souhaitable et, en vous rappelant l'impression **consciente** associée à ce moment, vous pouvez faire de ce moment une réalité subjective maintenant.
Faites de même avec l'espace. Si la pièce dans laquelle vous êtes assis n'est pas celle dans laquelle la chose désirée serait naturellement placée ou réalisée, sentez-vous assis dans la pièce ou l'endroit où elle serait naturelle.
Fixez **consciemment** cette impression de temps et d'espace avant de commencer à **percevoir** et à **ressentir** la proximité, la **réalité** et la **possession** de la chose **désirée**. Peu importe que l'endroit désiré se trouve à dix mille kilomètres ou juste à côté, vous devez fixer dans votre conscience le fait que l'endroit où vous êtes assis est l'endroit désiré. Vous ne faites pas un voyage mental, vous faites s'effondrer naturelle.

Asseyez-vous tranquillement là où vous êtes et rendez le « **là-bas** » - « **ici** ». Fermez les yeux et **sentez** que l'endroit même où vous êtes est l'endroit
désiré ; **percevez** et **ressentez** la réalité de ce fait jusqu'à ce que vous soyez **consciemment** convaincu de ce fait, car votre **connaissance** de ce fait est basée uniquement sur votre **perception subjective**.

Troisièmement, en l'absence de votre raison (le problème) et avec l'espace- temps naturel établi, vous invitez votre « **connaissance des noms** » (la solution) à venir remplir cet espace - à venir enseigner les **Noms** aux **Anges**. Dans votre imagination, voyez la chose désirée. Si vous ne pouvez pas la visualiser, percevez-en le contour général; contemplez-la. Puis, mentalement, rapprochez-la de vous.

Sentez sa proximité; sentez qu'elle est en votre présence immédiate; sentez sa réalité et sa solidité; sentez-la et voyez-la placée naturellement dans la pièce où vous êtes assis; sentez le frisson de l'accomplissement réel et la joie de la possession. Ouvrez maintenant les yeux. Cela vous ramène au monde objectif - le monde brut ou ressenti de manière sensible. Adam par sa seule présence, vous dit que vous devez enseigner les noms aux anges par la connaissance des noms le monde subjectif, psychologiquement ressenti.

Mais, comme **Adam**, dont la confiance était fondée sur la connaissance de cette loi immuable, vous aussi vous enseignerez les noms des toutes choses. Ainsi en conséquence le monde extérieur témoignera l'ordre de:

« **Prosternez vous devant Lui** »...

C'est-à-dire que, même si vos problèmes semblent fixes et réels, vous avez **ressenti** l'état psychologique subjectif comme réel au point de recevoir le frisson de cette réalité ; vous avez fait l'expérience du secret de la création car vous avez ressenti la réalité du subjectif. Vous avez fixé un état psychologique défini qui, en dépit de toute opposition ou de tout précédent, se matérialisera, accomplissant ainsi le **nom Adam**- le **connaisseur**. Voici quelques exemples pratiques de cette mise en scène.

Premièrement: La bénédiction ou la concrétisation d'une chose.
Asseyez-vous dans votre salon et nommez un meuble, un tapis ou une lampe que vous aimeriez avoir dans cette pièce particulière. Regardez l'endroit de la pièce où vous le placeriez si vous l'aviez. Fermez les yeux et laissez disparaître tout ce qui occupe actuellement cette zone de la pièce. Dans votre imagination, voyez cette zone comme un espace vide - il n'y a absolument rien là. Commencez maintenant à remplir cet espace avec le meuble désiré ; percevez et ressentez que vous l'avez dans cette zone même, imaginez que vous voyez ce que vous désirez voir. Continuez dans cette conscience jusqu'à ce que vous ressentiez le frisson de la possession.

Deuxièmement. La bénédiction ou la concrétisation d'un lieu.
Vous êtes maintenant assis dans votre appartement à Oumou Salama, et vous contemplez la joie qui serait la vôtre si vous étiez dans une Villa triplex dans la nouvelle Cité de Hamdani. Vos yeux sont fermés; vous avez consciemment libéré l'appartement de Oumou Salama et à sa place vous percevez et ressentez que vous êtes dans une Villa New City. Vous êtes assis dans une chaise longue; il n'y a rien d'autre autour de vous que la vaste maison. Fixez la réalité de cette Villa dans la cité New City de Hamdani de sorte que, dans cet état, vous puissiez vous rappeler mentalement le jour où vous étiez assis dans votre appartement de Oumou Salama en rêvant de cette Villa à New City. Rappelez-vous l'image mentale de vous-même, assis à Oumou Salama en train de rêver de cette Villa. Dans votre imagination, voyez l'image souvenir de vous-même dans votre appartement de Oumou Salama. Si vous réussissez à revoir votre appartement de Djibouti sans y retourner consciemment, alors vous avez préparé avec succès la réalité de ce voyage. Restez dans cet état de conscience en ressentant la réalité de cette vaste

maison Villa; ressentez la joie de cet accomplissement - puis ouvrez les yeux. Vous avez préparé l'endroit; vous avez fixé un état psychologique précis et là où vous êtes en conscience, vous serez aussi dans votre corps.

Troisièmement : La bénédiction ou la concrétisation d'un moment dans le temps. Vous lâchez consciemment ce jour, ce mois ou cette année, selon le cas, et vous imaginez que c'est maintenant ce jour, ce mois ou cette année que vous désirez vivre. Vous percevez et ressentez la réalité du moment souhaité en vous imprégnant du fait qu'il est maintenant accompli. En percevant le caractère naturel de ce moment, vous commencez à ressentir l'excitation d'avoir pleinement réalisé ce qu'avant de commencer ce voyage psychologique dans le temps vous désiriez vivre à ce moment-là. Avec la connaissance de votre pouvoir de bénédiction, vous pouvez ouvrir les portes de n'importe quelle prison - la prison de la maladie, de la pauvreté ou d'une existence banale.

CHAPITRE 5 : LE VENDREDI

Allah dit :

Sourate 11, verset 7

« C'est lui qui a créé les cieux et la terre en six jours, – son trône était alors sur l'eau – pour vous éprouver et pour savoir qui d'entre vous accomplit les meilleures actions. »

Ces six jours de la création des **Cieux** et de la **Terre** ne sont pas des périodes de temps de vingt-quatre heures. Ils symbolisent le moment **psychologique** où un état subjectif défini est fixé. Ces six jours de travail sont des expériences subjectives et ne peuvent donc pas être mesurés par le temps sidéral, car le véritable travail de fixation d'un état psychologique défini se fait dans la **conscience**.

Le temps passé à vous définir consciemment comme ce que vous désirez être est la mesure de ces six jours. Un changement de **conscience** est le travail effectué au cours de ces six jours créatifs; un ajustement psychologique, qui n'est pas mesuré par le temps sidéral mais par l'accomplissement réel (subjectif).

De même qu'une vie, rétrospectivement, ne se mesure pas en années mais par le contenu de ces années, de même cet intervalle psychologique est mesuré, non pas par le temps consacré à l'ajustement, mais par l'accomplissement de cet intervalle.

Comme expliqué précédemment dans le mystère du **Nom** de **Majesté d'Allah**, le deuxième **Lâm** (possession du royaume) signifie clouer ou joindre.

Le **Créateur** est joint à sa création par le biais d'un **sentiment;** et le temps qu'il vous faut pour fixer un sentiment précis est la véritable mesure de ces six jours de création. Se séparer mentalement du monde objectif et se lier par le secret du sentiment à l'état subjectif est la fonction de la deuxième (**Lâm**), ou les six jours de travail. Il y a toujours un intervalle entre l'impression fixe, ou état subjectif, et l'expression extérieure de cet état. Cet intervalle s'appelle le **vendredi**.

En effet, notre maître le Prophète, paix et salut sur lui, dit:

« Le Vendredi, c'est le jour qui a vu naître Adam, le jour où il lui fut assigné le Paradis comme demeure et le jour où il en est sorti ». (Muslim)

Le **vendredi** est le repos mental qui suit l'état psychologique fixe; il est le résultat de vos six jours de travail.

[62. Le Vendredi (Al-Jumu'a), Verset 9] « Ô vous qui croyez ! Lorsque l'appel à la prière du vendredi se fait entendre, hâtez-vous de répondre à cet appel en cessant toute activité! Cela vaudra mieux pour vous, si vous le saviez! »

Ce repos mental qui suit une fécondation consciente réussie est la période de grossesse mentale; une période qui est faite dans le but d'incuber la manifestation.
Il a été créé pour la manifestation; la manifestation n'a pas été créée pour lui.
Automatiquement, vous gardez le vendredi comme un jour de repos - une période de repos mental - si vous réussissez à accomplir vos six jours de travail. Il ne peut y avoir de **vendredi**, de septième jour, de période de repos mental, tant que les six jours ne sont pas terminés, tant que l'ajustement psychologique n'est pas accompli et que l'impression mentale n'est pas complète. L'homme est averti que s'il ne respecte pas le **vendredi**, s'il n'entre pas dans le repos de Dieu, il ne recevra pas non plus la promesse - il ne réalisera pas ses désirs. La raison en est simple et évidente. Il ne peut y avoir de repos mental tant qu'une impression consciente n'est pas faite.
Si un homme ne parvient pas à s'imprégner pleinement du fait qu'il a maintenant ce qu'il désirait posséder auparavant, il continuera à le désirer et, par conséquent, il ne sera pas mentalement en repos ou satisfait. Si, par contre, il réussit à faire cet ajustement conscient de sorte qu'en sortant de la période de silence ou de ses six jours de travail subjectif, il sait par son sentiment qu'il a la chose désirée, alors il entre automatiquement dans le **vendredi** ou la période de repos mental. La

grossesse suit la fécondation. L'homme ne continue pas à désirer ce qu'il a déjà acquis. Le **vendredi** ne peut être gardé comme jour de repos que lorsque l'homme réussit à prendre **conscience d'être** ce qu'il désirait être avant d'entrer dans le silence. Le **vendredi** est le résultat des six jours de travail. L'homme qui connaît la véritable signification de ces six jours de travail se rend compte que l'observation d'un jour de la semaine comme jour de tranquillité physique n'est pas le respect du **vendredi**. La paix et le calme du **vendredi** ne peuvent être vécus que lorsque l'homme a réussi à prendre conscience d'être ce qu'il désire être. S'il ne parvient pas à prendre conscience de cette impression, il a raté sa cible ; il a péché, car pécher, c'est rater sa cible - ne pas atteindre son objectif ; un état dans lequel il n'y a pas de paix de l'esprit.

13 : 28 –« ceux qui ont cru, et dont les cœurs se tranquillisent à l'évocation de Dieu ». N'est-ce point par l'évocation de Dieu que se tranquillisent les cœurs? »

Si l'homme ne s'était pas vu présenter un état idéal vers lequel tendre, un état à désirer et à acquérir, il aurait été satisfait de son sort dans la vie et n'aurait jamais connu le péché. Maintenant que l'homme sait que ses capacités sont infinies, qu'il sait qu'en travaillant six jours ou en faisant un ajustement psychologique il peut réaliser ses désirs, il ne sera satisfait que lorsqu'il aura atteint tous ses objectifs.
Il va, avec la connaissance véritable de ces six jours de travail, définir son objectif et entreprendre de prendre conscience de l'être. Lorsque cette impression consciente est faite, elle est automatiquement suivie d'une période de repos mental, une période que le mystique appelle le **vendredi**, un intervalle dans lequel l'impression consciente sera en gestation et s'exprimera physiquement. La parole sera faite chair. Mais ce n'est pas la fin! Le **vendredi** ou repos qui sera rompu par l'incarnation de l'idée fera tôt ou tard place à six autres jours de travail alors que l'homme définit un autre objectif et recommence l'acte de se définir comme ce qu'il désire être. L'homme a été tiré de son sommeil par le biais du désir, et il ne pourra trouver le repos que lorsqu'il aura réalisé son désir. Mais avant de pouvoir entrer dans le repos de Dieu, ou de respecter le **vendredi**, avant de pouvoir marcher sans crainte et en paix, il doit devenir un bon tireur spirituel et apprendre le secret de la réussite ou du travail de six jours - le secret par lequel il laisse tomber l'état objectif et s'ajuste au subjectif. Ce secret a été révélé dans le **Nom** de **Majesté divin Allah**, et encore dans l'histoire **d'Adam** enseignants les noms aux **Anges**. Si l'homme applique la formule telle qu'elle est révélée dans ces mises en scène **Coraniques**, il fera mouche à chaque fois, car il saura que le repos mental ou **vendredi** n'est accessible que lorsqu'il réussit à s'adapter psychologiquement. L'histoire de la création de l'Univers et d'Adam met magnifiquement en scène ces six jours (période psychologique) et le septième jour de

la fin de la création sans fatigue.
On raconte que les **Anges** avaient l'habitude d'adorer **Allah** et le **Glorifier**, ils avaient l'habitude de connaître beaucoup de choses mais **Allah** les a commandé de se **Prosterner** devant **Adam** qui était plus digne que leur prétentions. Ils ont réclamé qu ils étaient plus dignes qu **Adam** mais quand **Allah** leurs a demander les **noms des choses** et qu ils ont échouées, **Adam** leur a enseigné les **noms** qu ils ont ignorer donc ils n avaient d'autres choix que de se Prosterner devant **Adam**, le **Savant**. Et ils se sont tous Prosterner devant **Adam** ». Il est également rapporté que **Adam** le **Représentant** (Khalifa) a été créé le jour du vendredi, fut entré au Paradis et fut descendu sur terre.

Dans votre cas, le **représentant** (Khalifa) est celui qui vous sauverait de ce que vous n'avez pas conscience d'être, tandis que **Les Anges** est votre conception actuelle de vous-même qui vous prive de ce que vous aimeriez être. En définissant votre **représentant** (Khalifa), vous définissez ce qui vous sauverait et non comment vous seriez sauvé. Votre sauveur ou votre désir a des moyens que vous ne connaissez pas; ses moyens sont impossibles à découvrir.

Chaque problème révèle sa propre solution. Si vous étiez emprisonné, vous désireriez automatiquement être libre. La liberté est donc la chose qui vous sauverait. Elle est votre sauveur. Après avoir découvert votre sauveur, l'étape suivante dans cette grande mise en scène de la résurrection consiste à enseigner les Noms aux **Anges**, (votre concept actuel de vous-même)– et vous ressentez votre connaissance des noms, ou à fixer la conscience d'être ou d'avoir ce qui vous sauverait.

Les **Anges** représente votre problème actuel. Votre sauveur est ce qui pourrait vous libérer de ce problème. Vous enseignez les Noms Aux **Anges** en détournant votre attention de votre problème - de votre sentiment de limitation - car il vous prive de la liberté que vous recherchez. Et vous ressentez votre sauveur en fixant un état psychologique définitif par le sentiment que vous êtes libéré de la limitation du passé. Vous niez l'évidence des sens et commencez à ressentir subjectivement la joie d'être libre. Vous sentez que cet état de liberté est si réel que vous aussi vous vous écriez: *« Je suis libre! ». C'est terminé.*

La fixation de cet état subjectif – l'intuition de la connaissance des noms - a lieu le sixieme jour. Avant le coucher du soleil de ce jour, vous devez avoir achevé la fixation en ressentant - « C'est ainsi » - « C'est terminé ». La connaissance subjective est suivie par le **vendredi** ou le repos mental. Vous serez comme une personne enterrée ou ensevelie, car vous saurez que, quelles que soient les barrières montagneuses, les murs infranchissables, votre connaissance des noms de votre sauveur (votre fixation subjective actuelle) enseignera lui-même. En faisant du **vendredi** une période de repos mental, en assumant l'attitude d'esprit qui serait la vôtre si vous exprimiez déjà visiblement cette liberté, vous recevrez la promesse du Seigneur, car la parole sera faite chair, - la fixation subjective s'incarnera.

Votre **conscience** est **Dieu** se reposant dans la connaissance que - « cela est bon » , « c'est achevé ». Et vos sens objectifs confirmeront qu'il en est ainsi, car le jour le révélera.

CHAPITRE 6: LA GUÉRISON

Allah dit:

[38. Sâd (Sâd), Verset 41] « Rappelle-toi aussi Notre serviteur Job lorsqu'il adressa à son Seigneur cette plainte: «Satan ne fait que m'accabler de tourments et de tortures !» [38. Sâd (Sâd), Verset 42] «Frappe le sol du pied! lui fut-il dit. Voici une source d'eau fraîche pour te laver et étancher ta soif! »

La formule de guérison, telle qu'elle est révélée dans le **38eme Sourate** du **Saint Coran,** est des plus révélatrices lorsqu'on l'examine avec les yeux du mystique. Cette formule peut être prescrite comme le remède positif de n'importe quelle maladie dans le monde de l'homme, qu'elle soit physique, mentale, financière, sociale, morale, - toutes choses. Peu importe la nature de la maladie ou sa durée, car la formule peut être appliquée avec succès à n'importe laquelle d'entre elles.

Voici la formule telle qu'elle est décrite dans le **Saint Coran**.
[38. Sâd (Sâd), Verset 42] «Frappe le sol du pied! lui fut-il dit. Voici une source d'eau fraîche pour te laver et étancher ta soif! »

Une application littérale de cette histoire serait stupide et sans effet, alors qu'en revanche une application psychologique de la formule est sage et fructueuse.
Le **pied** est le symbole d'une **idée**. On peut dire que tout homme qui a un problème ou qui désire exprimer quelque chose d'autre que ce qu'il exprime actuellement a deux **pieds**. Ces deux **pieds** ou conceptions peuvent être définis comme suit:

Le premier **pied** est la conception que vous avez actuellement de vous- même ; c'est la description que vous donneriez si on vous demandait de vous définir, - votre condition physique, vos revenus, vos obligations, votre nationalité, votre famille, votre race et ainsi de suite. Votre réponse sincère à ces questions serait nécessairement fondée sur l'évidence de vos sens et non sur un désir secret.
Cette véritable conception de vous-même (basée entièrement sur les preuves de vos sens) définit le premier **pied**.

Le **deuxième pied** est défini par la réponse que vous souhaitez donner à ces questions d'auto-définition. En bref, ces deux **pieds** peuvent être définis comme ce que vous avez **conscience d'être** et ce que vous **désirez être**.

Une autre définition des **deux pieds** serait :

✓ le **premier pied** - votre problème actuel, quelle que soit sa nature;
✓ le **second pied** - la solution à ce problème.

Par exemple, si vous êtes malade, une bonne santé serait la solution. Si vous êtes endetté, la solution serait de vous libérer de vos dettes. Si vous aviez faim, la nourriture serait la solution. Comme vous l'avez remarqué, le comment, la manière de réaliser la solution, n'est pas pris en compte. Seuls le problème et la solution sont pris en compte. Chaque problème révèle sa propre solution. La maladie, c'est la santé; la pauvreté, c'est la richesse; la faiblesse, c'est la force; l'enfermement, c'est la liberté. Ces deux états, votre problème et sa solution, sont donc les **deux pieds** que vous marchez sur le sol. Vous êtes le **Prophète** Ayoub (paix et bénédiction soit sur lui) qui accomplit maintenant la mise scène de la guérison de **sa maladie** en frappant son **pied** sur le **sol**, c'est-à-dire **vous** et **votre problème**.
Vous êtes le **Prophète Ayoub** (paix et bénédiction soit sur lui); et avec la formule de guérison vous vous libérez maintenant de votre **problème**.

Premièrement: Frappez le sol (votre problème) du pied, voici une source d'eau fraîche et lavez- vous et étanchez vous la soif. **L'eau** est la **conscience** de **l'homme**. **Allah dit:** ***24: 45 – « Et DIEU a créé toute créature vivante à partir de l'eau…»***

Votre **conscience** est la seule et unique réalité qui anime et rend réel ce que vous avez **conscience d'être**. Ainsi, détourner votre attention du problème équivaut à frappé le sol du **pied**. Votre **conscience** est la seule source **d'eau fraîche** qui fait de tous les états des réalités vivantes. En retirant votre attention de n'importe quel état donné, vous avez bu **l'eau** de cet état. Vous frappez le sol du premier **pied** (votre problème) en lui retirant votre attention. Dans cette source **d'eau fraîche** (**votre nouvelle conscience**), vous vous **lavez** et **buvez** (la **solution**), ou ce que vous désiriez jusqu'alors **être** ou **posséder**. Vous faites cela en vous accordant la liberté d'être maintenant **l'état désirable**. La frappe de Sol du **pied** est similaire à la **Connaissance** des **Noms** des toutes choses **d'Adam** par son **Créateur, Allah**. Comme vous vous en souvenez, **Adam** ne pouvait pas voir son monde objectif, sa **connaissance intuitive** des **Noms** des toutes choses. Vous aussi, vous ne voyez pas votre problème - le premier **pied** - car vous avez retiré votre attention de celui-ci et **frappé du pied le sol**, par conséquent, vous ne le voyez pas. Votre attention (la **source d'eau**) est maintenant lavé sur le deuxième **pied** (état subjectif), et en buvant vous en percevez et ressentez la réalité. Cela signifie que vous devez demeurer dans la nouvelle conception de vous- même jusqu'à ce que vous entriez mentalement dans le septième jour (le **vendredi**); jusqu'à ce que l'esprit soit apaisé ou fixé dans la croyance que vous exprimez ou possédez réellement ce que vous désirez être ou posséder. Lors de la frappe du **pied** au sol, il vous est demandé de se laver et de **boire** pour étancher votre soif et vous déclarez **l'homme pur**.

En étant totalement convaincu que vous êtes ce que vous désirez être, vous vous êtes symboliquement lavez et bu **l'eau fraîche;** vous êtes alors aussi pure que la **source d'eau** que t'a libéré. Et comme **l'eau fraîche** et **pure** doit revenir à la terre après un certain temps, vos impressions ou revendications subjectives doivent s'incarner dans votre monde après un certain temps. Cette histoire et toutes les autres histoires du **Saint-Coran** sont des représentations **psychologiques** jouées dans la **conscience** de **l'homme**.

Vous êtes le **grand Prophète Ayoub, vous êtes le malade, vous êtes le pied**.

- Votre **conscience** ou **JE SUIS** est le grand **Prophète** Ayoub.
- **Vous, l'homme** qui a un **problème**, êtes **le malade**. La **maladie (problème)**, votre concept actuel de vous-même, est le **pied** qui frappe le sol.
- La **solution** du problème, ce que vous **désirez être**, est **l'eau fraîche** qui **guérit** après avoir bu et se laver.

Vous rejouez cette grande scène en vous-même en détournant votre attention de votre problème pour la placer sur ce que vous désirez exprimer. Vous vous persuadez que vous êtes ce que vous désirez être jusqu'à ce que votre esprit s'immobilise dans la conviction qu'il en est ainsi. Vivre dans cette attitude fixe de l'esprit, vivre dans la conscience que vous êtes maintenant ce que vous désiriez être, c'est l'eau fraîche, libéré des limitations du passé et se dirigeant vers l'incarnation de votre désir.

CHAPITRE 7: LE DÉSIR, LA PAROLE DE DIEU

Dieu vous parle par l'intermédiaire de vos désirs fondamentaux. Vos désirs fondamentaux sont des paroles de promesse ou des prophéties qui contiennent en elles-mêmes le plan et le pouvoir de leur expression. Par désir fondamental, on entend votre véritable objectif. Les désirs secondaires traitent de la manière de les réaliser. **Dieu**, votre **JE SUIS**, vous parle à vous, **l'état conscient conditionné**, à travers vos désirs fondamentaux. Les désirs secondaires ou modes d'expression sont les secrets de votre **JE SUIS**, le **Dieu Tout Puissant**. Votre **Dieu**, **JE SUIS**, révèle **être** le **premier** et le **dernier:** « JE SUIS le commencement et la fin » [Apocalypse 1:8, 22:13]

Allah dit :57: 3 « C'est Lui le Premier et le Dernier, l'Apparent et le Caché.

Il est, de toute chose, Connaissant. » mais il ne révèle jamais le milieu ou le secret de ses voies; c'est-à-dire que le premier est révélé comme le mot, votre désir fondamental. Le dernier est son accomplissement - la parole faite chair. Le second ou milieu (le plan de développement) n'est jamais révélé à l'homme mais reste à jamais le secret du **Créateur**.

[19. Marie (Maryam), Verset 1]

« Kâf – Hâ – Yâ – Ayn – Sâd. »

[19. Marie (Maryam), Verset 2]

« Ceci est l'évocation de la grâce que ton Seigneur fit à Son serviteur Zacharie"

[19. Marie (Maryam), Verset 3]

« Lorsque celui-ci Lui avait adressé en secret cette prière: »

[19. Marie (Maryam), Verset 4]

«Seigneur, dit-il, mes forces déclinent, ma chevelure s'illumine de blancheur. Et jamais, Seigneur, je n'ai été déçu en T'adressant mes prières. »

[19. Marie (Maryam), Verset 5]

« Je crains la parentèle, après ma mort, car ma femme est stérile. Accorde-moi, par un effet de Ta grâce, un successeur, »

[19. Marie (Maryam), Verset 6]

« Qui héritera de moi et de la famille de Jacob. Et fais, Seigneur, qu'il soit agréé de Toi!»

[19. Marie (Maryam), Verset 7]

«Ô Zacharie, lui fut-il dit, Nous te faisons l'annonce d'un garçon qui portera le nom de Jean et auquel Nous n'avons pas donné d'homonyme auparavant.»

[19. Marie (Maryam), Verset 8]

«Comment, Seigneur, pourrais-je, dit Zacharie, avoir un fils, quand mon épouse est stérile et que moi-même j'ai atteint l'âge de la décrépitude ?»

[19. Marie (Maryam), Verset 9]

Il lui fut répondu : «Ton Seigneur a dit : "Il en sera ainsi ! Rien de plus facile pour Moi. Et toi-même, tu n'étais rien quand Je t'ai créé !" »

Les paroles de la prophétie dont parle la Sourate Mariam 19 du **Saint Coran** sont vos désirs fondamentaux qui ne doivent pas être conditionnés davantage. L'homme ne cesse d'ajouter et de retrancher à ces paroles. Ne sachant pas que le désir de base contient le plan et la puissance d'expression, l'homme est toujours en train de compromettre et de compliquer son désir. Voici une illustration de ce que l'homme fait à la parole de la prophétie, ses désirs. L'homme désire se libérer de sa limitation ou de son problème. La première chose qu'il fait après avoir défini son objectif est de le conditionner à quelque chose d'autre. Il commence à spéculer sur la manière de l'acquérir. Ne sachant pas que la chose désirée a une manière d'expression qui lui est propre, il commence à planifier comment il va l'obtenir, ajoutant ainsi à la parole de Dieu. Si, par contre, il n'a pas de plan ou de conception quant à l'accomplissement de son désir, alors il compromet son désir en le modifiant. Il pense que s'il se contente de moins que son désir fondamental, il aura peut-être plus de chances de le réaliser. Ce faisant, il s'éloigne de la parole de Dieu. Les individus comme les nations violent constamment cette loi de leur désir fondamental en complotant et en planifiant la réalisation de leurs ambitions; ils ajoutent ainsi à la parole de la prophétie, ou ils font des compromis avec leurs idéaux, prenant ainsi de la parole de Dieu.

Le résultat inévitable est la mort et les fléaux, ou l'échec et la frustration comme promis pour de telles violations. Dieu ne parle à l'homme que par l'intermédiaire de ses désirs fondamentaux. Vos désirs sont déterminés par votre conception de vous-même. En soi, ils ne sont ni bons ni mauvais. Vos désirs sont le résultat naturel et automatique de votre conception actuelle de vous-même. **Dieu**, votre **Conscience non conditionnée sans dimension**, est **impersonnel** et ne fait point acception de personnes. Votre conscience sans **dimension** ou non **conditionnée, Dieu**, donne à votre **conscience conditionnée, l'homme**, par l'intermédiaire de vos désirs fondamentaux, ce dont votre état **conditionné** (votre conception actuelle de vous-même) croit avoir besoin. Tant que vous resterez dans votre état de **conscience actuel**, vous continuerez à désirer ce que vous désirez maintenant. Changez votre conception de vous-même et vous changerez automatiquement la nature de vos désirs. Les désirs sont des états de **conscience** qui cherchent à s'incarner. Ils sont formés par la **conscience** de l'homme et peuvent facilement être exprimés par l'homme qui les a conçus. Les désirs sont exprimés lorsque l'homme qui les a conçus assume l'attitude d'esprit qui serait la sienne si les états désirés étaient déjà exprimés.

Maintenant, parce que les désirs, quelle que soit leur nature, peuvent être si facilement exprimés par des attitudes d'esprit fixes, un mot d'avertissement doit être donné à ceux qui n'ont pas' encore réalisé **l'Unicité** de la vie, et qui ne connaissent pas la vérité fondamentale que la **conscience** est **Dieu**, la seule et unique réalité. Cet avertissement a été donné à l'homme dans la célèbre règle d'or: ***"Faites aux autres ce que vous voudriez qu'ils vous fassent".***
- Matthieu 7:21. "Ce que tu fais, on te fera", citation islamique.

Vous pouvez désirer quelque chose pour vous-même ou pour un autre. Si votre désir concerne un autre, assurez-vous que la chose désirée est acceptable pour cet autre. La raison de cet avertissement est que votre conscience est Dieu, le donateur de tous les dons. Par conséquent, ce que vous ressentez et croyez être vrai pour un autre est un cadeau que vous lui avez fait. Le cadeau qui n'est pas accepté retourne à celui qui l'a fait. Soyez donc certain que vous aimeriez posséder ce cadeau vous-même, car si vous fixez en vous une croyance comme vraie pour un autre et qu'il n'accepte pas cet état comme vrai pour lui-même, ce cadeau non accepté s'incarnera dans votre monde.

Entendez et acceptez toujours comme vrai pour les autres ce que vous voudriez pour vous-même. En agissant ainsi, vous construisez le paradis sur terre.

“Faites aux autres ce que vous voudriez qu'ils vous fassent” est basé sur cette loi. N'acceptez comme vrais pour les autres que les états que vous accepteriez volontiers comme vrais pour vous-même, afin de pouvoir constamment créer le paradis sur terre. Votre paradis est défini par l'état de conscience dans lequel vous vivez, lequel état est constitué de tout ce que vous acceptez comme vrai pour vous-même et pour les autres. Votre environnement immédiat est défini par la conception que vous avez de vous-même et par les convictions que vous avez des autres et qui n'ont pas été acceptées par eux. Votre conception de l'autre qui n'est pas sa conception de lui-même est un cadeau qui vous est rendu. Les suggestions, comme la propagande, sont des boomerangs si elles ne sont pas acceptées par ceux à qui elles sont envoyées. Ainsi, votre monde est un cadeau que vous vous êtes fait à vous-même. La nature de ce cadeau est déterminée par la conception que vous avez de vous-même et par les cadeaux non acceptés que vous avez offerts aux autres. Ne vous y trompez pas, la loi ne fait pas acception de personnes.

Découvrez la loi de l'expression de soi et vivez selon elle; alors vous serez libre. Avec cette compréhension de la loi, définissez votre désir; sachez exactement ce que vous voulez ; assurez-vous qu'il est désirable et acceptable.

L'homme sage et discipliné ne voit aucun obstacle à la réalisation de son désir; il ne voit rien à détruire. Avec une attitude d'esprit fixe, il reconnaît que la chose désirée est déjà pleinement exprimée, car il sait qu'un état subjectif fixe a des moyens de s'exprimer que personne ne connaît.
Votre Seigneur a dit : « Invoquez-Moi, Je vous exaucerai. » (Coran 40/). « A ceux de Mes serviteurs qui t'interrogent sur Moi, réponds que Je suis tout proche, J'exauce quiconque M'invoque sincèrement. » (Coran 2/186).

L'homme indiscipliné, par contre, voit constamment une opposition à la réalisation de son désir, et à cause de cette frustration, il forme des désirs de destruction dont il croit fermement qu'ils doivent être exprimés avant que son désir fondamental puisse être réalisé. Lorsque l'homme découvrira cette loi de la conscience unique, il comprendra la grande sagesse de la Règle d'or; il vivra donc selon cette règle et se prouvera à lui-même que le royaume des cieux est sur terre.

Vous comprendrez pourquoi vous devez « faire aux autres ce que vous voudriez qu'ils vous fassent ». Vous saurez pourquoi vous devez vivre selon cette règle d'or, car vous découvrirez qu'il s'agit simplement d'une question de bon sens, puisque cette règle est basée sur la loi immuable de la vie et ne fait aucune distinction entre les personnes. La conscience est la seule et unique réalité. Le monde et tout ce qu'il contient sont des états de conscience matérialisés. Votre monde est défini par votre conception de vous-même *PLUS VOS CONCEPTIONS DES AUTRES* qui ne sont pas leurs conceptions d'eux- mêmes.

L'histoire du **Prophète Zackaria** est destinée à vous aider à tourner le dos aux limitations du présent et à passer à un état meilleur et plus libre.
[19. Marie (Maryam), Verset 10]

«Seigneur, reprit Zacharie, donne-moi un signe de cet événement.» –

La suggestion de «**Ton signe, lui fut-il dit, sera que tu ne pourras pas parler aux gens durant trois jours, quoique bien portant.** » a été donnée a **Zackaria** pour le guider vers la réalisation de son vœu. L'homme qui ne pourra pas parlé aux gens durant 3 jours même si qu il est en bonne santé, est la qualité d'esprit disciplinée qui n'entend que des propos dignes, nobles et aimables. L'esprit qui est discipliné pour n'entendre que le bien se régale de bons états et incarne ainsi le bien sur terre.

Si vous aussi, vous voulez assister à la réalisation de ton vœu- suivez cet homme. Assumez cette attitude d'esprit symbolisée par « **tu ne pourras pas parlé aux gens durant trois jours même si que tu es en bonne santé**», et vous vivrez dans un monde qui est vraiment le paradis sur terre.

Le fait de ne pas être capable de parler aux gens durant trois jours est le secret du changement de votre conscience.

Vous détournez votre attention de votre conception actuelle de vous-même et assumez la conscience d'être ce que vous voulez être, passant ainsi d'un état à un autre.

Cet exploit est accompli en étant incapable de parler aux gens durant trois jours en étant en bonne santé, c'est la force du discipline de l'esprit.

CHAPITRE 8: LA FOI

Qu'est-ce que la foi (Eman)?

Vous avez souvent entendus les érudits parler de l'augmentation et de la diminution de la foi (Eman), mais qu'est-ce que c'est réellement?

Il s'agit d'une forme de lumière qu'**Allah** place dans le cœur des croyants qui œuvrent pour elle. Et c'est cette même lumière, l'Eman (Foi) du croyant, qui l'aide à percer les voiles de la multiplicité – les voiles d'obscurité qui recouvrent les phénomènes de ce monde.

En d'autres termes, c'est une nouvelle façon de voir qui guide à la seule vérité. Considérez le verset du Coran où **Allah** جل جلاله dit :

« **Nous t'avons donc révélé, ô Prophète, une révélation par Notre ordre. Tu ne connaissais ni ce Livre ni la foi auparavant. Mais Nous en avons fait une lumière par laquelle Nous guidons qui Nous voulons parmi Nos serviteurs. Et tu guides vraiment tous vers le droit chemin (le chemin d'Allah جل جلاله). (Coran 42 :52) »**.

Cette lumière est très glissante. Son accès et son maintien exigent un effort constant.

Et Allah dit:

« **Quant à ceux qui luttent pour Notre cause et luttent pour Nous, Nous les guiderons assurément sur Nos sentiers. Et Allah جل جلاله est certes avec les bienfaisants. [Coran 29 :69]** »

Les savants disent que (feena) signifie « dans les commandements de Dieu » et prononcé "Subulana" sont les bonnes œuvres qui mènent au Paradis. Autrement dit, ceux qui s'efforcent ou peinent à obéir aux ordres d'Allah جل جلاله, Allah جل جلاله les guidera vers les œuvres qui les mèneront au Paradis.

Considérez le hadith de notre Prophète صلى الله عليه وسلم :

« En effet, la foi s'use en chacun de vous, tout comme un vêtement s'use. Priez donc Allah de raviver la foi dans vos cœurs. »

En résumé, la foi exige des efforts jusqu'à ce qu'elle atteigne un niveau suffisamment fort pour engendrer de bonnes actions, deuxième condition du succès. **Allah جل جلاله** mentionne **Amanu** (croyance) Wa (ET) 'Amilu Salihaat (accomplissement de bonnes actions), ce qui signifie qu'il n'y a pas de choix entre l'une ou l'autre. Les deux sont nécessaires. Cependant, la véritable foi engendrera toujours de bonnes actions. Si quelqu'un prétend à la foi, mais s'ils agissent pas en conséquence, soit ils sont trompés, soit leur foi n'est pas assez forte pour transmettre de bonnes actions. Ils doivent donc redoubler d'efforts pour intensifier la lumière dans leur cœur.

Eman (Foi) - Une nouvelle façon de voir

Allah nous dit que nous avons été mis sur cette terre pour être éprouvés. --- Éprouvés sur quoi?

Qui d'entre nous a la meilleure conduite. Allah dit :

« C'est Lui » qui a créé la mort et la vie afin de tester qui d'entre vous est le meilleur en œuvres. Et Il est le Tout-Puissant, le Pardonneur. [Coran 67 :2] »

Ce monde que nous habitons est le terrain d'essai où se déroule l'épreuve de la vie. Nous l'appellerons la Simulation Divine, ou la Matrice Divine (MD).

Pourquoi la Matrice?

Une matrice est définie comme l'environnement dans lequel quelque chose, comme une société, se développe et grandit. Dans le verset coranique mentionné précédemment, la mort et la vie représentent respectivement une fin et un commencement. D'après mon observation, ce verset fait indirectement référence à la création du temps. Et le temps est l'environnement ou le contexte dans lequel les actes sont enregistrés.

Nos actions sont enregistrées, et les enregistrements ont un début et une fin, et ne peuvent avoir lieu que dans un support qui permet ces qualités, à savoir le temps.

Le film « Matrix » dépeint la Matrice comme un programme informatique, une sorte d'illusion, un monde onirique irréel, un monde factice construit par des machines pour exploiter l'humanité. Et bien que ce monde comporte un aspect illusoire, ce n'est pas à cela que nous faisons référence lorsque nous évoquons la Matrice Divine.

Selon le Coran, ce monde a été créé avec vérité. **Allah جلاله**
جل dit :

« Ne vois-tu pas qu'Allah a créé les cieux et la terre en toute vérité? [Coran 14 :19 »] »

Maintenant que nous avons établi qu'il ne s'agit pas entièrement d'une illusion, comment pouvons-nous qualifier cette existence de simulation divine?

Lorsque nous parlons de simulation, nous faisons référence à sa définition comme étant une tromperie ou un acte de faire semblant. Il y a un aspect trompeur dans ce monde, une sorte de ruse.

Il est fait apparaître d'une certaine manière pour nous tester.

Remarquez comment Allah جل جلاله stipule ceci:

« Car » certes, Nous, « Seuls », avons créé l'homme d'une goutte de liquide mélangé, pour l'éprouver. Nous l'avons donc fait entendre et voir. [Coran 76 :2]
»

Tout ce que nous percevons en ce monde est une épreuve. La réalité de ce monde ne se découvre pas par la vue, mais plutôt par la perspicacité. Ce monde est une couverture pour quelque chose d'autre qui se passe en coulisses. C'est à cela que nous faisons référence lorsque nous appelons ce monde une Simulation Divine. Autrement dit, ce monde, ou simulation, est crypté.

La clé de ce cryptage est stockée dans le témoignage de la foi, la Kalimah: La ilaha illa Allah Muhammad Rasul Allah

Il n'y a de Dieu qu'Allah جل جلاله et Muhammad est Son messager.

La vérité vous rendra libre!

Ce monde, ou Simulation Divine, dissimule ou masque la vérité. Avant d'aborder cette vérité, examinons quelques versets du Coran qui abordent ce sujet couvrir.

Allah dit :

« En vérité, vous étiez totalement indifférents à cette scène. Maintenant, Nous avons Oté de vous votre voile, et votre vue est aujourd'hui perçante ! » [Coran 50 :22]

« Ils ne connaissent que l'apparence de la vie présente, et ils sont indifférents à l'au- delà » [Coran 30 :7]

- Que nous cache-t-on pour nous tester?
- Quelle est cette vérité ultime qui a été dissimulée pour tester notre conduite?

Cette vérité ultime est encodée dans la formule du tawhid. La première partie de la Kalimah qui fait de nous des croyants:

La ilaha - illa Allah

Soyez attentifs, car tout ce qui va suivre reposera sur une compréhension claire du secret de ce témoignage de foi, de son lien avec notre épreuve dans ce monde et de ce qu'Allah جل جلاله dissimule pour que cette épreuve soit efficace.

Premièrement, cette Kalimah est appelée la Shahada, qui signifie « témoigner ».

C'est pourquoi, lorsque nous prononçons la chahada, nous commençons par dire:

« Je témoigne. » C'est le monde du témoignage, aussi appelé le monde du mulk, et nous témoignons par la perception.

Encore une fois, soyez attentif. Remarquez comment la première partie de la chahada ou le témoignage – commence par la négation.

Allah جل جلاله dit que quelque chose dans ce que vous percevez est faux, alors niez ce que vous percevez.

Ceci est confirmé par la première partie de la chahada : La ilaha. Mais que nions-nous, et pourquoi ?

Ce monde est celui des moyens. En arabe, les causes dépendantes et leurs effets dépendants sont appelés moyens (**asbaab**).

Par exemple, nous levons les yeux vers le ciel et remarquons qu'il pleut. Un examen plus attentif révèle que la pluie tombe des nuages au-dessus de votre tête. Les nuages sont des moyens (asbaabs), ou moyen de pluie.

La pluie permet aux cultures de pousser. La nourriture permet de satisfaire la faim, et ainsi de suite.

Allah جل جلاله dit que tout cela n'est qu'un voile, une couverture pour ce qui se passe réellement en coulisses.

Lui, Allah جل جلاله, seul fait tout, mais Il a voilé ce fait d'asbaab(moyens) afin de tester votre foi.

Allez-vous croire qu'Allah جل جلاله fait tout, et en retour vous tourner vers Lui et vous fier à Lui seul? Ou allez-vous dépendre de votre confiance en vous et des sens de perception intentionnellement limités pour croire que les moyens (asbaab) sont responsables des phénomènes que vous voyez tout autour de vous ?

Si nous revisitons maintenant la première partie du témoignage de foi, « La ilaha illa Allah », nous voyons que « La ilaha » se rapporte à la négation du monde témoigné.

Nous disons « la ilaha » pour nier toute causalité associée aux nuages, au soleil, à l'eau, à la nourriture et aux médicaments.

Voilà ce que signifie réellement associer des partenaires à Allah جل جلاله.

Et nous disons « illa Allah » pour affirmer que le véritable Auteur de toute chose dans ce multivers est **Allah جل جلاله**, seul.

Mais si tel est le cas, on pourrait penser que la majorité des gens associent des partenaires à **Allah جل جلاله**, ce qui signifie qu'ils pratiquent le shirk!
Considérez ce **qu'Allah جل جلاله** a à dire à ce sujet dans la sourate Yusuf:

« Et la plupart d'entre eux ne croient en Allah qu'en Lui attribuant des associés. [Coran 12 :106] »

Il existe deux types d association shirk: le shirk pur et dur et le shirk subtil. Le shirk (association) subtil est celui où la plupart d'entre nous échouent le teste avec Allah جل جلاله, et je crois que c'est ce à quoi le verset ci-dessus fait référence.

Pourquoi les choses de ce monde ont-elles un tel impact sur nous ?

Si nous sommes influencés par les choses de ce monde et que nous finissons par nous y appuyer comme Moïse s'appuyait sur son bâton, c'est parce que nous y voyons un avantage. Nous croyons que l'argent peut conduire au statut social, qui peut conduire au contrôle ou au pouvoir. Lorsque nous ne prêtons pas attention à Allah جل جلاله, notre attention est absorbée par des choses insignifiantes comme la reconnaissance des gens. Nous avons été créés pour reconnaître Allah جل جلاله, contrairement aux humains.

Nous avons été créés pour reconnaître Allah جل جلاله, pas que les gens nous reconnaissent !

Allah جل جلاله dit :

« Je n'ai créé les djinns et les hommes que pour qu'ils m'adorent (me reconnaissent). [Coran 51 :56] »
Lorsque la lumière du tawhid pénètre le cœur du croyant, elle déconstruit les causes apparentes des choses de ce monde, et nous commençons à voir qu'Allah جل جلاله est la seule véritable Cause de tout ce que nous voyons et ne voyons pas dans ce monde Nous commençons à percer les voiles de la multiplicité pour atteindre l'Unique derrière tout.

Allah جل جلاله Lui-même dissocie l'acte d'agir de l' humanité.

« Ce n'est pas vous, les « croyants », qui les avez tués, mais c'est Allah qui l'a fait. Ce n'est pas non plus vous, « Ô Prophète », qui avez jeté « une poignée de sable » sur les mécréants, mais c'est Allah qui l'a fait.[Coran 8 :17] »

Nous sommes naturellement enclins à croire ce que nous percevons dans ce monde comme la vérité.

Nous sommes conditionnés par les associations régulières qu'Allah جل جلاله a placées dans ce monde à faire confiance et à nous fier à ses moyens, car nous pensons qu'ils ont une capacité inhérente à agir, à être bénéfiques ou nuisibles.

Les moyens comme la richesse, l'argent, la célébrité, le statut, le pouvoir, l'influence et les ressources naturelles n'ont aucune capacité intrinsèque pour aider quelqu'un.

C'est pourquoi on dit :

« Il n'y a de force ni de puissance en dehors d'Allah. »

Nous devons nous déconditionner et briser le puissant sortilège que cette Dunya (monde) nous a jeté en premier lieu, en passant par un éveil, en comprenant ce qui se passe réellement derrière les rideaux de **Dieu**, puis en démêlant et en retirant les chaînes du Shirk (association) qui se sont accumulées et rouillées dans nos cœurs au fil du temps.

Pour comprendre l'impuissance de l'action de l'univers, ou de n'importe quoi d'autre, on doit d'abord comprendre le moteur qui alimente toute chose vivante, l'âme, l'esprit (Ruh) ou la Conscience.

Qu'est-ce que l'âme ou Ruh (Conscience)?

L'âme (Conscience), ou Ruh, est issue du commandement d'Allah.

Allah dit :

« Ils t'interrogent, ô Prophète, sur l'esprit. Dis : « Seul mon Seigneur en connaît la nature, et vous, ô hommes, n'avez reçu qu'une connaissance limitée. » [Coran 17 :85] »

Nous pouvons voir avec nos yeux, entendre avec nos oreilles, marcher avec nos jambes et frapper avec nos mains tant que nous sommes en vie.

Une fois mort, la **Ruh** (**Conscience**) n'est plus dans notre corps.

Les mêmes yeux et les mêmes oreilles sont là, mais nous ne pouvons plus voir ni entendre. Les mêmes jambes et les mêmes mains sont là, mais nous ne pouvons plus marcher ni frapper.

Qu'est-ce qui a changé après la mort?

L'âme ou **Ruh** (**Conscience**) est partie.

*Et qu'est-ce que **l'âme** ou **Ruh** (Conscience)?*

C'est **l'Amr**, ou commandement **d'Allah** جل جلاله.

Lorsque **l'âme** (**Conscience**) était intacte, nous voyions grâce au commandement **d'Allah** جل جلاله, entendions grâce au commandement d'Allah جل جلاله, marchions et frappions grâce au commandement d'Allah جل جلاله.

Sans le commandement **d'Allah** جل جلاله ni l'Amr **d'Allah** جل جلاله, le corps est un récipient vide.

Le commandement **d'Allah** جل جلاله traverse toute la création.

Allah dit :

« Allah est Celui qui a créé sept cieux superposés, et la terre de même. L'ordre divin descend entre eux. Sachez qu'Allah est Omnipotent et qu'Il embrasse toute chose de Sa science. [Coran 65 :12] »

Sans Son ordre, rien dans la création ne peut subsister.

Allah جل جلاله fait exister quelque chose à partir du néant avec Sa Puissance, Qudrah, puis Il maintient cette création avec Son Amr :

Allah dit :

« La création et le commandement Lui appartiennent « seul ». » [Coran 7 :54]

Le khalq, ou l'acte de création, est eejad, ou amener à l'existence, et l'amr, ou commandement, est imdaad, nécessaire au maintien de l'existence.

C'est comparable à la puissance du courant en électricité. Il faut de l'électricité pour que la lumière s'allume, mais le courant doit circuler continuellement dans les fils pour que la lumière reste allumée.

Ce qui donne à toute création son existence et sa manifestation durable est le commandement (**Conscience**) d'Allah جل جلاله.

Cela étant dit, il est beaucoup plus facile de comprendre comment le feu ne peut pas brûler sans **l'Amr** d'Allah جل جلاله :

Allah dit :

« Nous avons ordonné : « Ô feu ! Sois frais et sauve Abraham! » [Coran 21 :69]

En résumé, la **foi** est donc le fait de se sentir ou de vivre dans la **conscience d'être** la chose **désirée;** la foi est le secret de la création, le deuxième (**Lâm)** du **Nom** de **Majesté divin « Alîf Lâm Lâm Hâ »** (**ALLAH**).

La foi est le sentiment **par lequel Adam** avait eu l'intuition de la **connaissance** des **Noms** ;

Par la **foi**, **Dieu** (votre **conscience**) appelle les choses qu'on ne voit pas comme si elles étaient et les fait apparaître.

C'est la **foi** qui vous permet de prendre **conscience d'être** la **chose désirée;** c'est encore la **foi** qui vous enferme dans cet **état** de **conscience** jusqu'à ce que votre revendication invisible mûrisse et s'exprime, soit rendue visible.

La **foi** ou le **sentiment** est le secret de cette appropriation.

Par le **sentiment**, la **conscience** qui **désire** s'unit à la **chose désirée**.

Comment vous sentiriez-vous si vous étiez ce que vous désirez être?

Portez en vous l'humeur, le **sentiment** qui serait le vôtre si vous étiez déjà ce que vous désirez être; et en peu de temps, vous serez scellé dans la croyance que vous l'êtes. Alors, sans effort, cet état invisible se matérialisera; l'invisible sera rendu visible.

Si vous aviez la foi du grain de moutarde, vous vous scelleriez aujourd'hui, grâce à la substance magique du **sentiment**, dans la **conscience d'être** ce que vous désirez être.

Cet **état** de **conscience**, lorsqu'il est correctement scellé par la **foi**, est une parole de **Dieu**, **JE SUIS**, car l'homme ainsi établi dit : « **JE SUIS ainsi** », et la parole de **Dieu** (mon **état** de **conscience fixe**) est **esprit** et ne peut revenir à moi sans effet, mais doit accomplir ce pour quoi elle est envoyée. La parole de **Dieu** (votre **état conscient**) doit s'incarner pour que vous puissiez savoir :

« JE SUIS le Seigneur… il n'y a pas de Dieu à part moi »

Vous aussi, vous pouvez envoyer votre parole, la parole de **Dieu**, et guérir un ami.
Y a-t-il quelque chose que vous aimeriez entendre d'un ami?

Définissez cette chose que vous savez qu'il aimerait être ou posséder.

Maintenant que votre désir est bien défini, vous avez une parole de **Dieu**. Pour envoyer cette parole sur son chemin, pour la faire naître, vous faites simplement ceci.

Asseyez-vous tranquillement où vous êtes et assumez l'attitude mentale de l'écoute ; rappelez-vous la voix de votre ami ; avec cette voix familière établie dans votre **conscience**, imaginez que vous entendez réellement sa voix et qu'il vous dit qu'il est ou a ce que vous vouliez qu'il soit ou ait.

Imprimez dans votre **Conscience** le fait que vous l'avez réellement entendu et qu'il vous a dit ce que vous vouliez entendre; **ressentez** le frisson d'avoir entendu. Puis laissez tomber complètement.

C'est le **secret** du mystique qui consiste à envoyer les mots dans l'expression à donner chair au mot.

Vous formez en vous-même le mot, la chose que vous voulez entendre; puis vous écoutez, et vous vous le dites à vous-même.

[24. La Lumière (An-Nûr), Verset 51]

La seule réponse qu'il sied aux croyants de donner quand ils sont convoqués devant Dieu et Son Prophète pour que celui-ci juge leurs différends, est de dire:
«**Nous avons entendu et nous obéissons!**»

Ce sont ceux-là les bienheureux. Votre **conscience** est le **Seigneur** qui parle par la voix familière d'un ami et qui imprime en vous ce que vous désirez entendre. Cette imprégnation de soi, l'état qui s'imprime en vous, la parole, a des moyens de s'exprimer que personne ne connaît.

Au fur et à mesure que vous réussirez à faire cette impression, vous ne vous laisserez pas impressionner par les apparences, car cette auto-impression est scellée comme une graine de moutarde et arrivera en temps voulu à sa pleine expression.

CHAPITRE 9:
L'ANNONCIATION

L'utilisation de la voix d'un ami pour s'imprégner d'un état désirable est magnifiquement racontée dans l'histoire de Mariam l'Immaculée Conception.

Il est écrit que Dieu a envoyé **L'Ange Gabriel** à **Mariam** pour lui annoncer la naissance de son fils.

[19. Marie (Maryam), Verset 16]

« Rappelle aussi l'histoire de Marie, telle qu'il est fait mention dans le Coran, lorsqu'elle se retira en un endroit situé à l'est, loin de sa famille, »

[19. Marie (Maryam), Verset 17]

« Et étendit un voile entre elle et les siens. C'est alors que Nous lui envoyâmes Notre Esprit qui se présenta à elle sous la forme d'un homme accompli. »

[19. Marie (Maryam), Verset 18]

Elle lui dit : «Je cherche refuge contre toi auprès du Tout- Miséricordieux, si tant est que tu Le craignes.»

[19. Marie (Maryam), Verset 19]

- ***«Je ne suis, dit-il, qu'un envoyé de ton Seigneur, chargé de te faire présent d'un garçon immaculé.»***

[19. Marie (Maryam), Verset 20]

- ***«Comment, s'étonna-t-elle, pourrais-je avoir un enfant alors qu'aucun être humain ne m'a jamais touchée et que je n'ai jamais été une femme de mœurs légères ?»***

[19. Marie (Maryam), Verset 21]

. Il lui fut répondu : «Ainsi en a décidé ton Seigneur qui a dit : "Rien n'est plus facile pour Moi. Nous ferons de cet enfant un signe pour les hommes et une miséricorde émanant de Nous."« Et il en fut ainsi

[19. Marie (Maryam), Verset 22]

« Elle devint donc enceinte de l'enfant et se retira avec lui en un lieu éloigné. »

C'est l'histoire qui a été racontée pendant des siècles dans le monde entier, mais on n'a pas dit à l'homme qu'elle était écrite sur lui-même, de sorte qu'il n'a pas reçu le bénéfice qu'elle était censée lui apporter.

L'histoire révèle la méthode par laquelle l'idée ou la parole s'est incarnée. **Dieu**, nous dit-on, a fait germer ou engendré une idée, un **fils**, sans l'aide d'un autre.

Il a ensuite placé son idée germinale dans le ventre de **Mariam** avec l'aide d'un **Ange** qui lui en a fait l'annonce et l'a fécondée avec cette idée.

Il n'y a jamais eu de méthode plus simple de fécondation de la conscience que celle que l'on trouve dans l'histoire de **Marie (Mariam)** l'Immaculée Conception.

Les quatre personnages de ce théâtre de la création sont le **Créateur**, le **garçon immaculé (Jésus)**, **Mariam** (**Marie**) et **l'Ange Gabriel**.

Le **Créateur** symbolise votre **conscience;** le **garçon immaculé** symbolise votre **désir** ; **Mariam** (Marie)symbolise votre attitude **réceptive d'esprit** ; et **l'Ange Gabriel** symbolise la méthode utilisée pour effectuer la fécondation.

La mise en scène se déroule de la manière suivante.
Le **Créateur** créé un **garçon immaculé** sans l'aide d'un autre.

Vous définissez votre objectif - vous clarifiez votre **désir** sans l'aide ou la suggestion d'un autre.
Puis le **Créateur** choisit **l'ange Gabriel** qui est le plus qualifié pour transmettre ce message ou cette possibilité germinale à **Marie**.

Vous choisissez la personne qui, dans votre monde, serait sincèrement ravie d'assister à la réalisation de votre **désir**.

Marie apprend alors par **l'Ange Gabriel** qu'elle a déjà conçu un **fils** sans l'aide de l'homme.

Vous assumez une attitude d'esprit réceptif, une attitude d'écoute, et vous vous imaginez que vous entendez la voix de celui que vous avez choisi pour vous dire ce que vous désirez entendre.

Imaginez que vous l'entendez vous dire que vous êtes et avez ce que vous désirez être et avoir. Vous restez dans cet état de réceptivité jusqu'à ce que vous ressentiez le frisson d'avoir entendu la bonne et merveilleuse nouvelle.

Puis, comme la **Marie** de l'histoire, vous vaquez à vos occupations en secret, ne parlant à personne de cette imprégnation merveilleuse et immaculée de vous-même, confiant qu'en temps voulu vous exprimerez cette impression.

Le **Créateur** créé la semence ou la possibilité germinale d'un **Fils**, mais dans une imprégnation eugénique; il ne transporte pas les spermatozoïdes d'un homme à l'utérus. Il le fait porter par un autre moyen.

La **conscience** qui désire est le **Créateur**, qui créé la semence ou l'idée.

Un **désir** clarifié est la graine parfaitement formée ou le garçon immaculé.

Cette semence est ensuite portée du Créateur (**conscience désirante**) à la Mère (**conscience d'être** et d'avoir l'état désiré).

Ce changement dans la **conscience** est accompli par **l'Ange Gabriel** ou la voix imaginaire d'un ami qui vous dit que vous avez déjà atteint votre objectif.

L'utilisation de la voix d'un **Ange** ou d'un ami pour faire une impression **consciente** est le moyen le plus court, le plus sûr et le plus fiable permettant la fécondation de soi.

Votre **désir** étant bien défini, vous assumez une attitude d'écoute.
Imaginez que vous entendez la voix d'un ami ; faites-lui dire (imaginez qu'il vous le dit) combien vous avez de la chance et du bonheur d'avoir pleinement réalisé votre désir.

Dans cette attitude d'esprit réceptif, vous recevez le message d'un **Ange;** vous recevez l'impression que vous êtes et avez ce que vous désirez être et avoir. Le frisson émotionnel d'avoir entendu ce que vous désirez entendre est le moment de la conception. C'est le moment où vous devenez auto- imprégné, le moment où vous avez réellement l'impression d'être maintenant ce que vous aviez jusqu'alors désiré être ou posséder.

Lorsque vous émergez de cette expérience subjective, vous saurez, comme **Marie** de l'histoire, par votre changement d'attitude d'esprit, que vous avez conçu un fils; que vous avez fixé un état subjectif défini et que dans peu de temps vous exprimerez ou matérialiserez cet état.

Ce livre a été écrit pour vous montrer comment atteindre vos objectifs.

Appliquez le principe qui y est exprimé et tous les habitants de la terre ne pourront vous empêcher de réaliser vos désirs.

MERCI

MIX
Papier aus verantwortungsvollen Quellen
Paper from responsible sources
FSC® C105338

Printed by Books on Demand GmbH, Norderstedt / Germany